十二生肖的故事

虎虎生威

虎的故事

王亚民◎主编
《紫禁城》编辑部◎编

故宫出版社

图书在版编目（CIP）数据

虎虎生威：虎的故事 / 王亚民主编；《紫禁城》编辑部编．—北京：故宫出版社，2022.3

（十二生肖的故事）

ISBN 978-7-5134-1451-7

Ⅰ．① 虎… Ⅱ．①王… ②紫… Ⅲ．① 十二生肖—通俗读物 Ⅳ．① K892.21-49

中国版本图书馆 CIP 数据核字（2021）第 257339 号

十二生肖的故事

虎虎生威

虎的故事

出版人：章宏伟
主编：王亚民
编者：《紫禁城》编辑部
责任编辑：周利楠 关键
设计：王梓
出版发行：故宫出版社
地址：北京市东城区景山前街4号 邮编：100009
电话：010-85007800 010-85007817
邮箱：ggcb@culturefc.cn
制版：北京印艺启航文化发展有限公司
印刷：北京启航东方印刷有限公司
开本：889毫米×1194毫米 1/16
印张：8
版次：2022年3月第1版
2022年3月第1次印刷
印数：1～5000册
书号：ISBN 978-7-5134-1451-7
定价：86.00元

生肖祈福

王亚民

今日天冷得很，不过天空湛蓝，像水洗过般的纯净。太阳一如昨日，依然那么火红，如果在山区农村，有多少人蹲在土墙下晒着太阳，想来是那么的惬意。

天冷，是因为数九天到了，这预示着牛年即将过去，虎年又要来临。

牛过虎临，这就是中国，这就是中国人十二生肖的变化。十二生肖，老百姓称作属相，是十二地支形象化了的十二种动物，关联起来就是子（鼠）、丑（牛）、寅（虎）、卯（兔）、辰（龙）、巳（蛇）、午（马）、未（羊）、申（猴）、酉（鸡）、戌（狗）、亥（猪）。十二生肖的起源，与早期人类的动物崇拜有关，而形成一定的体系，应该是先秦时期的事了，这可以从湖北云梦睡虎地和甘肃天水放马滩出土的秦简中找到相关的文字。当然这些文字中的生肖排序，与我们今日出入较大，而准确记载与今日相同的十二生肖传世文献，那就是东汉王充所著的《论衡》。

随着历史的嬗递，十二生肖文化内涵逐渐丰富，在黎民百姓的生活中融入了相生相克的辩证观念，表现在婚姻、人生、年运等方面，每一种生肖都有丰富的传说，并以此形成一种观念阐释系统，成为民间文化中的形象哲学。

有关十二生肖的书出版了不少，故宫出版社出版有关宫廷十二生肖的以图带文、文图结合的书这还是首次。生肖作为悠久的宫廷民俗文化符号，古往今来留下了大量描绘生肖形象和象征意义的诗歌、春联、绘画、书法和工艺作品。这套书以故宫收藏的生肖典籍为经、以收藏的文物图像为纬，形象生动地展现宫廷生肖文化之一斑，以此来表达对新春来临的希冀。

新的一年，总是充满期待的。故宫生肖，为未来祈福！

目录

第一章 从远古走来的虎 〇〇七

商周——狰狞、诡异的虎 〇〇九

秦汉——雄浑、威风的虎 〇二一

晋唐——凝重、喜庆的虎 〇二七

第二章 神话传说中虎的形象 〇三九

舍身饲虎与感虎移泉 〇四一

天门守护与龙虎大丹 〇五五

萨满虎神与虎神降坛 〇六七

第三章 虎与古人的生活 〇七九

虎与征战 〇八一

虎的义德 〇九七

虎患与打虎 一一一

第一章

从远古走来的虎

虎作为百兽之王，很早就已经进入到人们的生活之中。无论是商周时代狰狞、诡异的虎，秦汉时期雄浑、威风的虎，还是晋唐以降凝重、喜庆的虎，其形象虽然多变，但无一不体现着古人对于虎的认识，寄托着先人们对于生活的美好希望。

商周——狰狞、诡异的虎

明人绘　虎图轴

原始时期，古人就按照虎的形状，仿效其吼声，创造了汉字『虎』字的初形。殷商的甲骨文中，『虎』字是一只造型优美、可爱的象形虎。虎很早就走入先人的心灵，现世的猛虎携着灵异的蛟龙，虎啸龙吟让后人无法回避。龙虎结合在一起成为祥瑞繁荣的象征，成为权力与威严的典式。

清 阿尔稗
松林虎啸图轴

六千多年前的蚌塑虎

一九八七年在河南濮阳西水坡一带发掘了一座仰韶文化时期的古墓，其中出土了一对蚌塑龙虎。蚌塑龙虎分置于墓主左右，距今已有六千五百年的历史了。龙虎左右位置按照方位，恰恰暗合了两汉以后流行的『左青龙，右白虎，南朱雀，北玄武』的说法。发掘之时，蚌龙引起了极大轰动，被誉为『中华第一龙』。龙的出现人们给予了更多关注，但是虎头微垂、圜目圆睁、虎尾下垂、缓缓行走的蚌虎却显得寂寞了许多。

商　玉虎形佩

整器已受沁为白色，看不出原来的玉色。玉虎为扁身片状，呈匍匐状，四爪前伸，动感十足。『臣』字形眼，卷耳。口及尾部均钻一孔，孔为两面对钻，可系挂。商代玉虎较为多见，有片状也有圆雕件，一般形体较小，安阳殷墟就出土有多件类似的玉虎形佩。

商　青玉虎形佩饰

商　青玉虎

商　玉虎

西周　虎父乙鼎及其局部

该鼎之造型在西周早期较为常见。鼎口上立双耳，折沿，方唇，腹壁与圜底弯曲相和，三条柱足较长。口沿下饰一周由细雷纹构成的兽面纹。内壁一侧近口沿处铸有『虎父乙』三字铭文。

西周　虎戟镈

镈截面呈椭圆形，平口，半环形钮。钮饰云纹，镈身两面饰兽面纹，口上部饰圆涡纹与花瓣纹，镈两侧各饰二虎。四虎的形象非写实而是图案化，反映出当时铜器纹饰的神话性。镈与钟同为打击乐器，出现在西周中期。此镈不仅装饰独特，而且也是较早的青铜镈实物。

《周易·乾卦》云：『云从龙，风从虎。』在先民的图腾中，虎与龙一样成为一些部落最重要的崇拜对象。在这些部落里，现实世界的猛虎与想象境界的青龙一起繁衍不歇，演绎了一场吉祥昌盛的千年故事。商周时国家出现，作为神灵崇拜的虎自然又成为国王、贵族威严的象征符号，虎面纹渐渐演化成为饕餮纹。模式化了的饕餮纹，在玉器、青铜器等器物上大量使用，图案狰狞诡异，给人以神秘恐怖的视觉冲击力。

如果以朝代计，东周只够得上是半个朝代，但它表现的历史性格，完全构成了一个中国历史上个性突出的完整时代。东周时期，作为礼器装饰的虎纹图案逐渐失去了威严、恐怖、神秘，代之而起的是性情平和、形象写真、线条柔和

西周 虎饰镈

周 雷纹百乳虎耳簋及其局部

的虎形象。战国时由于儒家的鼓吹，以玉比德观念盛行，玉虎制作较多，性情或张扬，或温顺，虎的艺术形象更加趋于人性化。

春秋　兽耳虎足方壶

此壶有盖，盖似华冠。壶身直口厚唇，束颈修长似扁方筒。颈饰蕉叶纹，颈两侧附一对壮硕的龙形耳，龙回首卷尾呈蹲立状，双龙耳上铸有细孔。腹饰界栏状凸棱，上区饰蟠虺纹，下区光素无纹。圈足饰蟠虺纹和云纹，足下卧二虎。此壶造型优雅，纹饰繁缛精美，龙虎上下呼应，栩栩如生。

战国　王命命传任铜虎节

虎节整体扁平，作伏虎形，虎昂首张口，长尾从臀部向脊背弯曲。一面刻划铭文『王命命传赁（任）』五字。铭文表示持虎节者身负王命，所经过的驿站要负责接待。虎节是使者持之远行可得食宿的证物。驿站是古代供传递文书、官员来往及运输等中途暂息和住宿的地方。此节全形铸造，轻便雅致。

秦汉——雄浑、威风的虎

把秦汉作为同一个认识单元，是因为前者创造了一个统一的帝国，后者则将这一体制巩固和模式化。然而，秦、西汉和东汉就其各自的历史性格，却有着很大的差异。有汉一代，谶纬之学大行其道，上至宫廷、下至民间崇尚『四灵』，青龙、白虎、朱雀、玄

作为门神的老虎

民间过年的时节，门上经常张贴门神，传说是秦叔宝和尉迟恭。张贴这两位猛人，是唐朝以后的事，其实在唐以前多以虎避邪，汉时门上画虎御凶的风俗就十分盛行，《风俗通义》云：『汉常以腊终除夕，饰演桃人，垂苇索，画虎于门。』

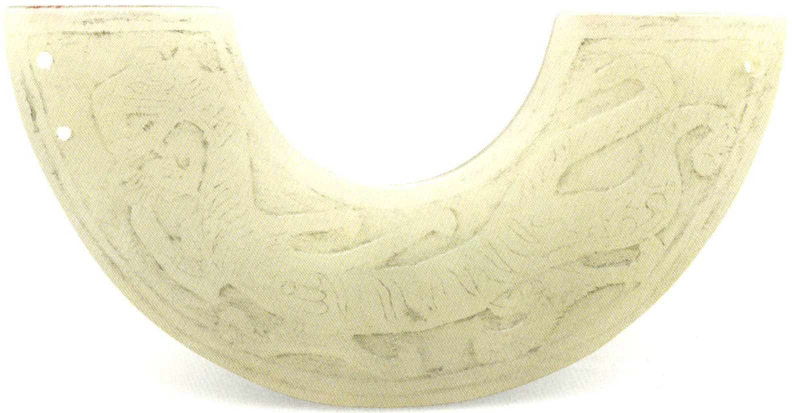

汉 白玉虎纹璜

武成为驱邪避灾、保佑平安的吉祥物。『西方金也……其兽白虎。』虎成为方位之神。『取虎形以镇邪，以其威风异常也。』当时称武臣为『虎臣』、勇士为『虎贲』。汉代是中国历史的青少年时代，充满了张力，虎的特性与汉代有着更多的贴合，所以虎的形象出现在更多

汉 陶白虎纹瓦当

白虎是主管西方的神灵，与青龙、朱雀、玄武共同组成四神。此瓦当外廓较宽，白虎依圆瓦而呈弧形，蕴含气势，动感强烈，突出了老虎的威严。整体设计匀称，富于美感。瓦当为筒瓦之头，是中国古代建筑构件中的一种。因其有遮蔽檐头、阻止瓦片下滑的作用，故称『当』，有阻挡、遮挡之意。瓦当不仅具有实用功能，还兼具装饰作用。古人常以各种动物、植物、几何图案、文字等装饰当面。

材质上：佩玉饰虎、砖瓦刻虎、墙壁画虎、墓道立虎、布帛织虎，虎艺术世俗化已成为主流。石雕虎体量硕大、造型古朴，充分利用石头的质感，表现出虎的雄浑气象；青铜虎符线条流畅、富有动感；秦砖汉瓦中的虎，或奔走，或吼叫，或飞翔，生动传神。

汉　白玉镂雕螭虎佩

汉　白玉龙虎纹鸡心佩

汉　石立人虎头墓门柱

东汉　鸟兽虎纹画像石

画面分上下两部分。上部有四个怪兽与一只朱雀，下部为一只行走的虎。石外缘装饰连弧纹一周。此画像石为江苏徐州睢宁双沟出土。

汉　双虎双马图残砖

晋唐——凝重、喜庆的虎

魏晋 青玉四灵环

秦汉四百多年的统一局面被打破，历时三百多年的魏晋南北朝的分裂与动荡开始了。宏观看来，这是种族、地域、阶级之间在寻找新的平衡点。战争、迁徙、阴谋、陷害、篡弑、杀戮，频繁的改朝换代，再没有哪个朝代如此坦诚地呼喊出生命苦短、人生无常的感叹。作为孔武有力的虎，自然成为民间的精神寄托之一，祈求虎的庇护，逢凶化吉，永保平安。晋干宝《搜神记·佚文》记载：『今俗法，每以腊终除夕，

唐 白虎砖

饰桃人，垂苇索，画虎于门，左右置二灯，象虎眼，以祛不祥。』南北朝时，民间石刻砖雕上常有虎的形象出现。这时的雕刻，不仅承接汉代遗风，而且吸收印度风格，造型雄浑凝重、神采飞扬、气象非凡。南北朝时佛教广泛传播，佛教信仰占据了主导地位，伴随而来的与佛教有关的题材成为艺术的主要内容。在动物方面，佛教中卷毛狮子以其具有虎的性格，成为了时代的新宠。

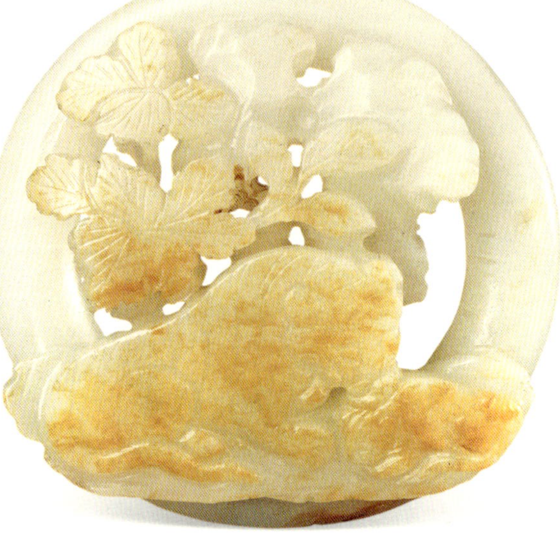

唐 白玉镂雕双虎环佩

唐时，石狮成为王公贵族神道的立兽，到了明清时期皇家陵寝的神道立像依然承袭前朝。由于佛教文化的影响，在文化交流发达的区域，唐代之后狮取代了虎的位置，成为吉祥喜庆的象征。逢重大节庆日，狮子舞都是必不可少的内容。当然在一些农村，虎崇拜的遗风依然存在，只不过虎失去了雄强的面貌，以虎帽、虎鞋、虎枕、虎玩具、虎形面食等，在民间艺人手中变得稚拙可爱、鲜艳夺目，喜庆中不失王者气象。

宋　磁州窑白釉黑花虎纹枕

宋　褐色釉黑花虎枕

明　红地奔虎五毒妆花纱裱片

清 杏黄色画虎纹菊蝶纹地暗花实地纱小单袍

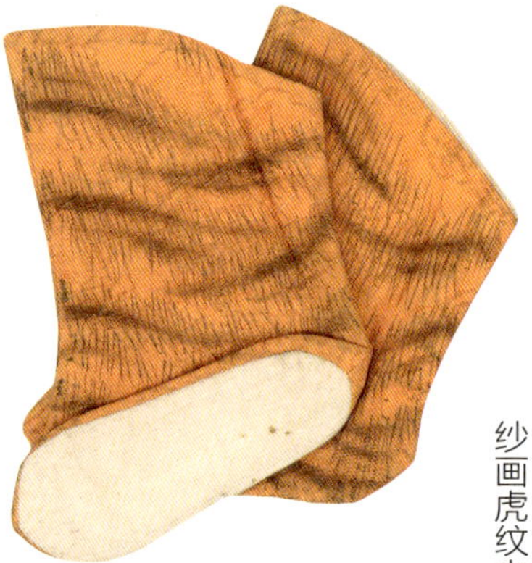

清 杏黄色菊蝶纹纱画虎纹夹袜

清 杏黄色菊蝶纹暗花实地纱画虎纹小单套裤

清　白色缎补绒老虎纹皂鞋及其局部

清　红青色缎绣彩云虎折枝花纹方补褂

清　红青色缎绣彩云虎折枝花纹方补褂（局部）

第二章

神话传说中虎的形象

在古代，人们迫于大自然的威胁、虎的威胁，在与其斗争的同时，也产生了信赖、求助和膜拜的心理。在这种观念中，虎既是天上的星宿之神，也是天门的守护神。不论是佛教，还是道教、萨满教，都把虎当作超自然的神力加以崇拜。

舍身饲虎与感虎移泉

佛教是外来宗教，本身具有印度佛教以身饲虎的大悲精神。这种自我牺牲精神与中国禅宗结合，虎便具有佛性，成为听经修道、受佛训导、宣扬佛法的使者。南北朝时，敦煌石窟的壁画，很多题材以佛本生的故事表现舍己救人的精神。如萨埵太子舍身饲虎故事，

近现代　徐悲鸿　虎图轴

萨埵太子以牺牲自己，挽救了一只快要饿死的母虎和七只小虎，歌颂了一种自我牺牲精神。它与中国古代将罪人『投畀豺虎』以示惩戒的目的不同，而是以宗教的虔诚，彰显了佛教文化的博大与精深。

近现代　齐璜　设色虎图轴

佛教到了中国，『舍身饲虎』见诸史事甚少，更多的是寺僧利用法术降龙伏虎，使虎有了佛性，为佛服务，得到正果的故事。西湖的虎跑泉，据说就与一位唐代高僧感虎移泉有关。

明代万历年间，黄山有位名叫普门的和尚，收一虎为其弟子，终日为虎讲经说法，虎

宋　寿山石伏虎罗汉

感虎移泉的传说

《西湖游览志》记载：『唐元和十四年，性空大师来游兹山，乐其灵气郁盘，栖禅其中。寻以无水将他之，忽神人跪而告曰：自师之来，我等傲惠者甚大，奈何弃去。南岳童子旋当遣二虎来移，师无忧也。翼日，果见二虎跑山出泉，甘冽胜常。』

清　玉璇款田黄石伏虎罗汉

清　寿山石伏虎罗汉

明　李麟　罗汉图卷（局部）

终悟佛理。有一天，普门外出化缘，遭遇强盗的勒索。普门从容笑道：『可见佛门弟子乎？』强盗随他来到寺门，虎由门跃出，长啸不止，声震林壑，强盗惊惶而去。普门生前有老虎相伴，圆寂之后，每逢初一、十五，老虎前来拜塔，哀鸣不已。

清　漆木虎

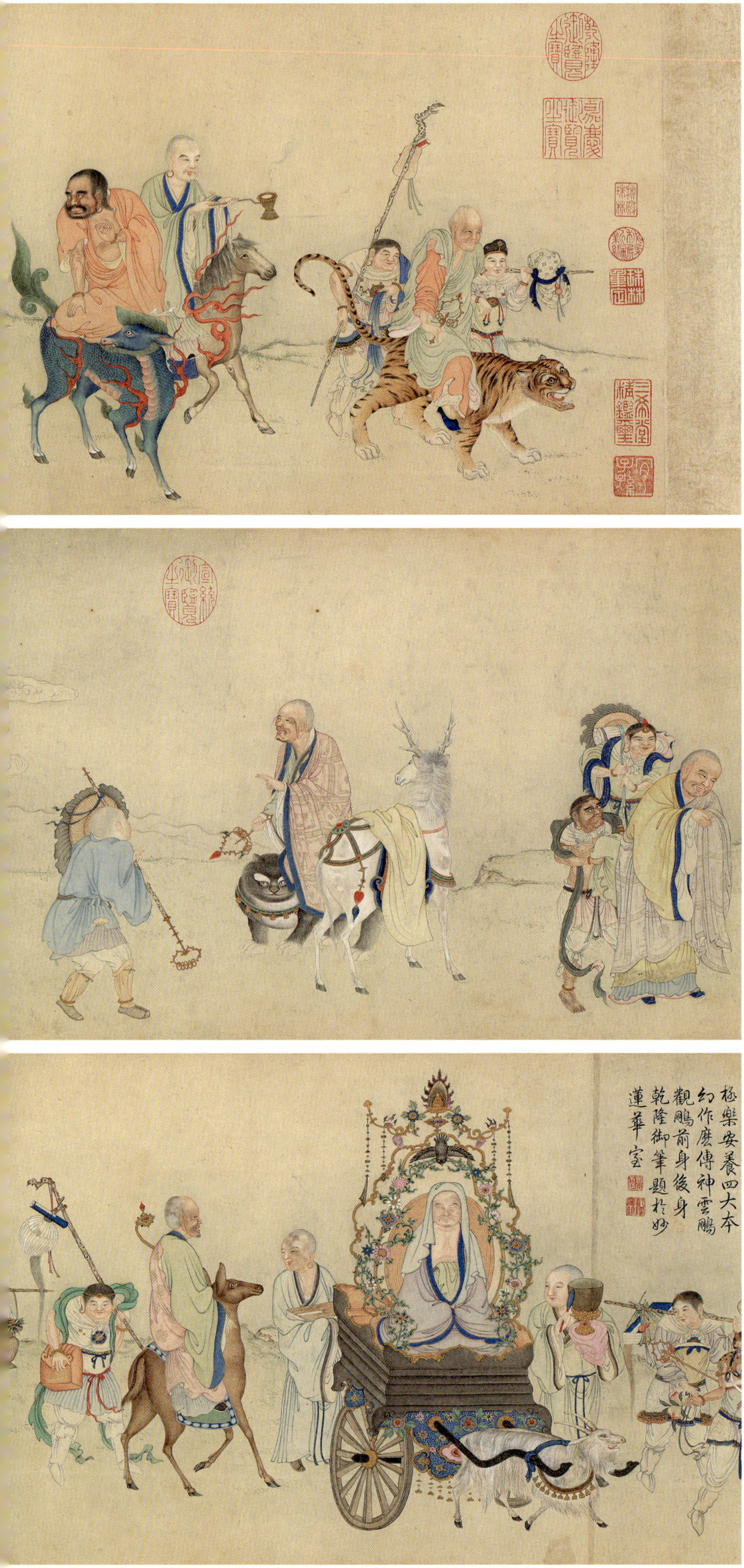

清 丁观鹏 罗汉图卷

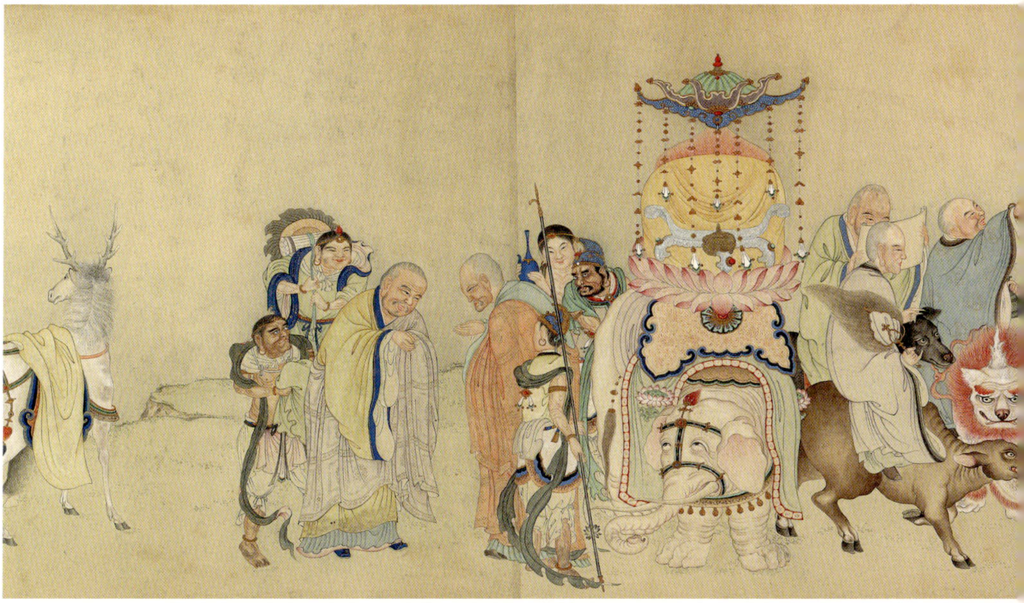

具足神通如是遊
戲狂象獰龍孰非
我類無降伏意有
皈依心歷歷淨土馥馥
香林進者呼來從
者應注借問何之
極樂安養四大本
幻作麼傳神雲鵬
觀鵬前身後身
乾隆御筆題於妙
蓮華室

乾隆御覽之寶
嘉慶御覽之寶

清　丁观鹏　罗汉图卷（局部）

清　冷枚　罗汉图册
（二十开选一）

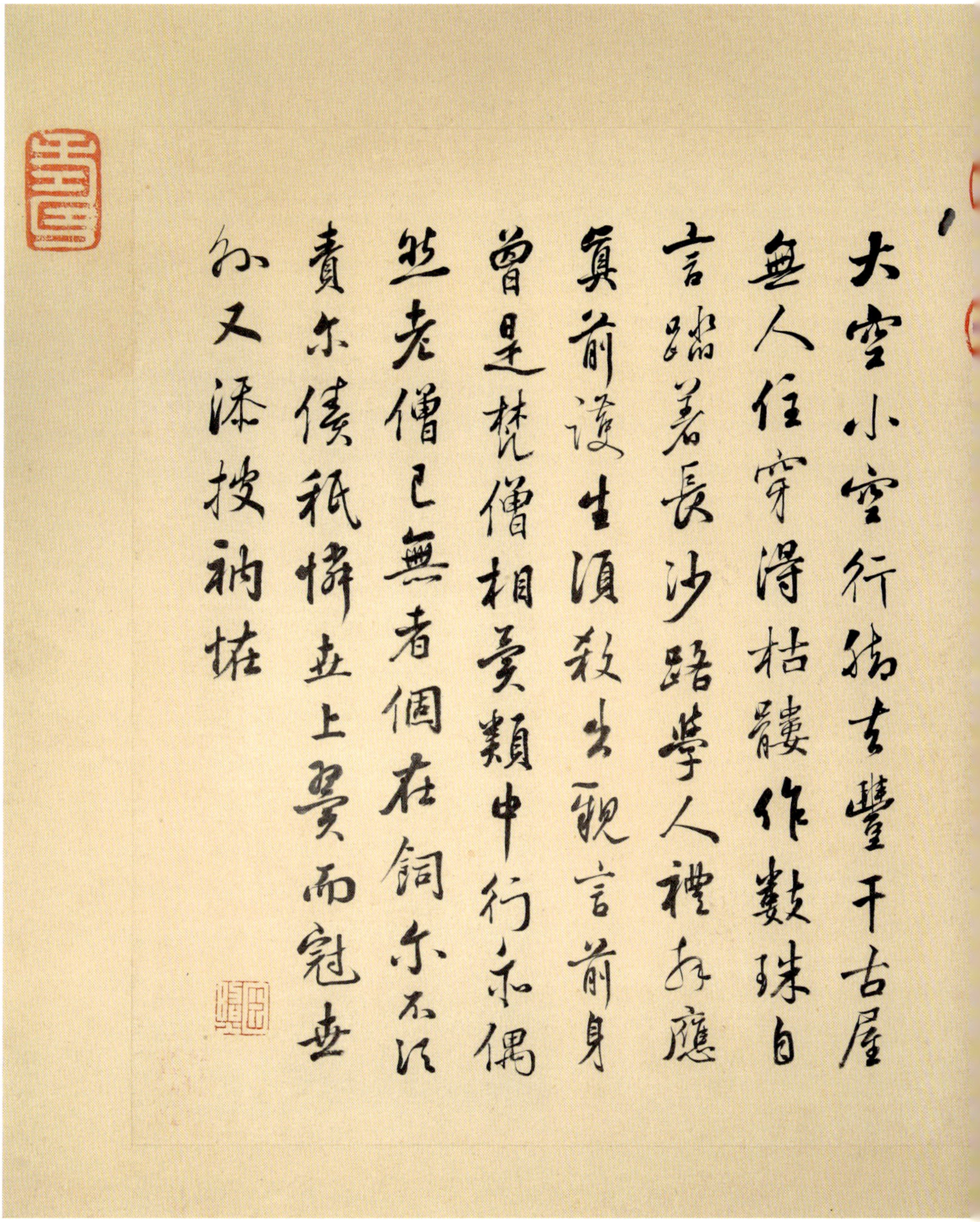

大空小空行猶去豐干古屋
無人住穿得枯髏作數珠自
言踏著長沙路學人禮拜應
真前後生須救出觀言前身
曾是梵僧相貫類中行亦偶
然老僧已無者個在飼尔不識
責尔儀祇憐並上貫而冠安
孙又添披衲袪

子
丑
寅
卯
辰
巳
午
未
申
酉
戌
亥

天门守护与龙虎大丹

在古代神话传说中，天有九重，每重天都有虎豹看守，虎豹成为天门的守护神。战国时屈原的《离骚》，字里行间透露出当时楚民的崇虎信息，其中《招魂》一篇中大声呼号『魂兮归来』，告诉死者之魂不要四处飘荡，什么地方都不如楚国郢都美，不如郢都静谧安全。

清 阿尔稗 卧虎图轴

『魂兮归来，君无上天些。虎豹九关，啄害下人些。』说天门九重，重重都有虎豹执其『关钥』，专门啄害那些下界上天之人。从天门守卫者的身份来说，虎的地位很高，甚至成为万能的守护神。道家从原始的图腾崇拜出发，尊老子为道教始祖，说老子是最早驱使老虎的仙人。

宋人绘　搜山图卷（局部）

葛洪《抱朴子·杂应篇》云：老子『身长九尺，黄色，鸟喙，隆鼻，秀眉长五寸，耳长七寸，额有三理上下彻，足有八卦，以神龟为床，金楼玉堂，白银为阶，五色云为衣……左有十二青龙，右有二十六白虎，前有二十四

朱雀，后有七十二玄武』。从这段记载看，老子不仅长相奇特，出行的时候也是气势非凡，有二十六只白虎随行，足见老子的法力无边。

宋人绘　搜山图卷（局部）

江西龙虎山是道教正宗——正一派道教的祖庭。龙虎山位于江西省贵溪市西南，由龙形山和虎形山组成，丹崖碧水，有『龙虎之状』，故称为龙虎山。传说中记载，第一代天师张道陵在此修炼神丹，炼丹时，常有青龙白虎环绕丹鼎，所炼之丹称作

明人绘 观虎图轴

清　紫檀雕夔龙填金嵌珐琅玉石十二辰纹菱花式盒

清 粉彩十二辰圆盒

『龙虎大丹』。张道陵传法给赵昇时，对他的七种考验中，其中一种叫『虎搏』，『令昇入山采薪，三虎交前，咬昇衣服……昇不恐，颜色不变』。之后赵昇还对虎有一番求道教育，虎听后即去。可见虎在道家观念里是通灵的神使。

近现代 徐悲鸿 骑虎财神图轴

萨满虎神与虎神降坛

萨满教在东北影响很大，过去东北少数民族如满族、赫哲族、鄂温克族、鄂伦春族、达斡尔族等，普遍信仰此宗教。萨满教中大体分为三类原始崇拜，即自然崇拜、动物崇拜和祖先崇拜，以为人得天赐，并有动物神和祖先神的眷顾保佑，才得以生存繁衍，正如乾隆皇帝《钦定满洲跳

近现代 张爰、张善孖合绘 设色虎图轴

神还愿典例》中所说的：『吾等满洲素性诚敬，心意笃实，恭祀天佛神祇，慎重跳神还愿神仪。』满族萨满教所祭的神众多，主要以动物神为主。这是因为满族以及东北各少数民族是渔猎民族，自古以来以渔猎为生，自然形成了把某些有恩于自己的动物奉为神来加以祭祀的习俗。

近现代　张泽　竹石双虎图轴

虎居『百兽之王』的位置，在神界也享有其他动物无法享受的尊荣，譬如在虎神中又分为飞虎神、母卧虎神、公卧虎神、悬犁虎神、金虎神、大黑虎神等。萨满教请来这些动物神后，要一边念诵神的名字，一边还要模拟这些动物的动作和形貌。请来鹰神，就要模仿它的神态步伐，

唐 红陶胎十二生肖俑之虎

《坛序神本》中的『虎神神词』

虎神哪里生来哪里长，哪生哪长有家乡。深山生来老峪长，深山老峪有家乡。……花虎狸虎，养儿五虎，青脸虎神，花脸虎神，穿山跳涧，坐山为王，十二群虎，云里飞虎，行堂坐堂，老神师父，师哥师兄，八大本坛。烧纸钱来如神灵，壶里有酒莫三巡。

清　青玉十二辰像（一组）

清　青玉十二辰像（一组）

俗称『走八字』，同时要像鹰一样鸣叫和做振翅状。请来虎神，先是在神案前小憩，醒来后伸伸懒腰，阔步慢行，再玩上几圈『抓虎仔』。

在古代东北萨满敬神活动中，虎神降坛，然后通过相当于现在二人转的形式演唱『虎神神词』，一问一答。老虎首先自报家门，诉说老虎处深山而觅食之艰难。随着文字由七字变为四字，语速加快，陈述虎神坐堂之威严。最后，用祭祀语作结，这或许是当时祭祀的格式文字吧。

这种情况，清人蒲松龄在《聊斋志异·跳神》中亦有描写：『骑假虎假马，执长兵，舞榻上，名曰跳虎神。』东北地区是虎的故乡，其居住的少数民族以本地有虎而自豪，萨满的本质就是通过长期狩猎经验，选取了动物界最为凶猛、对人也持友好态度的老虎作为辅助神，把虎的威力变成自己民族的威力。所以，萨满教以各种方式来祭祀虎神，女萨满甚至以神虎为丈夫，这就是萨满教虎图腾崇拜最直接而古老的形式。

清　青玉十二辰像之虎

清　青玉十二辰像之虎

清　青玉十二辰牌

清　竹雕十二辰笔筒及其局部

清　十二辰钮章（一组）

第三章

虎与古人的生活

在古代农耕社会中，人与自然关系紧密，虎作为自然界中的动物，与古人的生活息息相关。在与人的互动中，勇武、威猛的虎成为了战争的象征；威严、正义的虎，承载了古人的道德追求；而凶猛、横暴的虎，则衍生出许许多多虎患与打虎的故事。

虎与征战

农耕社会里，人们为了丰衣足食的理想，必须要掌握季节农时变化的规律。在长期的生产实践中，人们通过对星象的观测可以预报四时。通过星象的观测，他们还发现了两个重要的星座，即龙、虎两个星座。《史记·天官书》云『东宫苍龙』，『参为

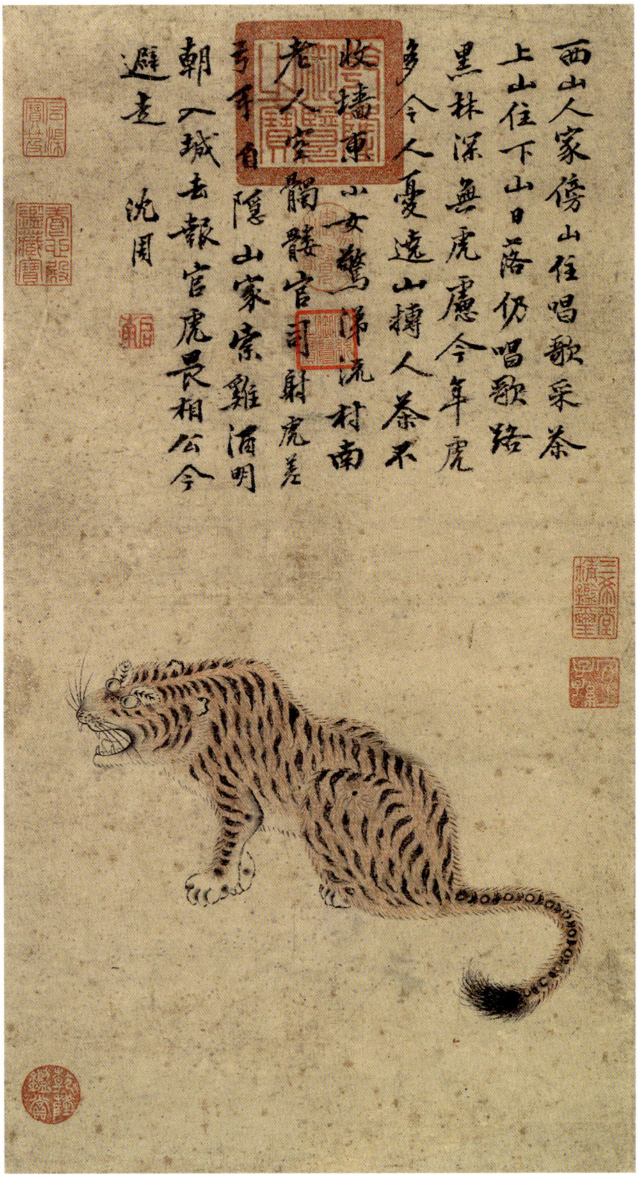

明 沈周 虎图轴

明 朱瞻基（传） 虎图纨扇

白虎』。两个星座一东一西，夺人眼目。龙虎是星宿神，负责天宫的保卫，是天帝的保护神。由于人间帝王自称天子，龙虎自然成为帝王的守护神。商周到秦汉，许多青铜器、玉器上都是龙虎相绕攀援的图纹。商代出土青铜龙虎尊，尊腹有一虎食人花纹，尊颈有二龙缠绕。周时有龙虎节，周王派出巡视的钦差到泽国用龙节，到山国用虎节。战国时，四神体系基本形成，从曾侯乙墓出土的漆箱上可以清楚地看到不仅有青龙、白虎的图案，也有朱雀、玄武的图案，而且这种东青龙、西白虎、南朱雀、北玄武以镇天地四方的图式，影响了整个汉代数百年。而漆箱两侧的龙虎相对，既是古人观测天象的成果，又暗合了天地交感、阴阳相通、万物生生不息的宇宙观。

唐 十二辰铜镜

清　长庚十二辰镜

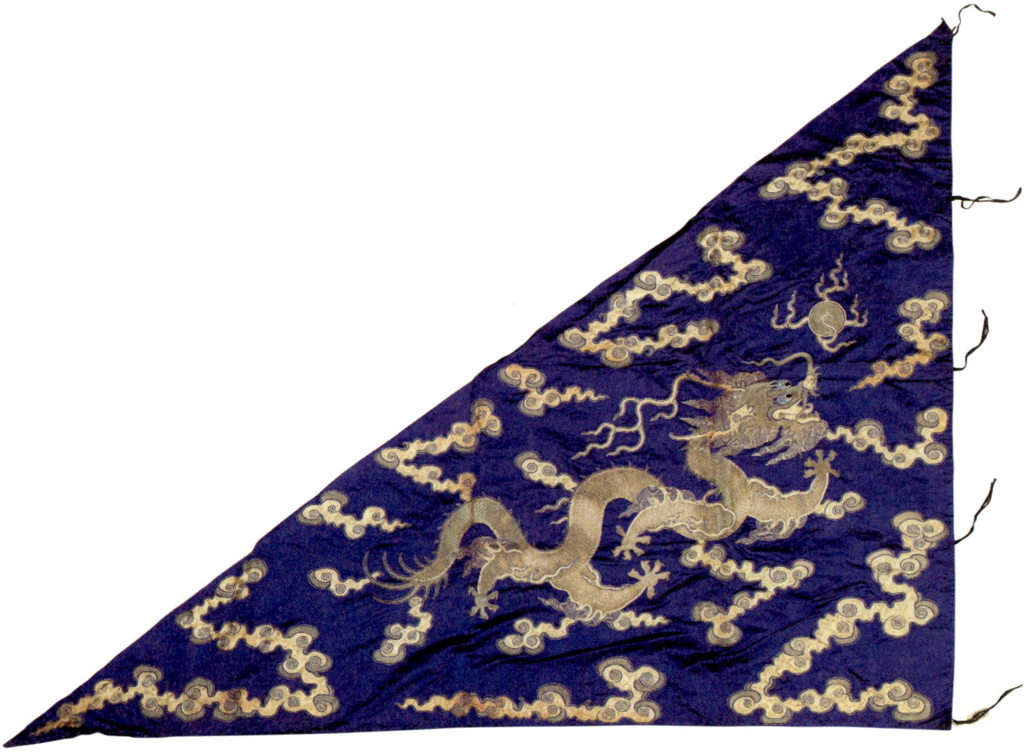

清　四神旗

魏 三城护军铜虎符

汉代的器物，尤其是所见玉器中，多『四灵』图案。『四灵』中出现频率最多的是青龙、白虎。《汉书》中有郊祀歌道：『灵之下，若风马，左仓龙，右白虎。』《淮南子·天文训》道：『西方金也……其兽白虎。』白虎是『四灵』中的西方之神，主战争兵戎之事，帝王用来祈借神威，保社稷平安。由于虎主战伐，古代用在调兵遣将的兵符上面，称为『虎符』。虎符，顾名思义为老虎形状，从中分为两半，右半存朝廷，左

汉 临袁侯虎符

半由统兵将领执掌，并且专符专用。符上的文字通常有两种形制，一是相同的文字分列两处，譬如秦国的阳陵虎符、新郪虎符就是这样的；一是虎符上的文字居中，左右各存半行文字，合起来后才能念得通，汉代虎符大致属于后一种情况。使用虎符时，朝廷明令同一虎符不能同时调动两支军队。调兵遣将时需两半虎符勘合验真后方能生效。从形状上看，秦汉以前虎符多为卧虎，到了隋朝则变为立姿，现存陕西历史博物馆的隋代铜虎符，其形张口嘶叫、四足若驰走状。唐时废虎符，原因是唐高祖李渊的祖父名李虎，为避祖先名讳改用鱼符、兔符，唐中期以后又用龟符。宋代领兵打仗又恢复使用虎符。据《元史·兵志》的记载，元代将领出征使用金虎符，『万户佩金虎符，符趺为

战国 虎鸟纹戈

伏虎形，首为明珠，而有三珠、二珠、一珠之别』。其实，从两宋始，虎符已减少使用，虎头牌的作用开始显现，其用途与虎符也不尽相同，成为皇帝赋予文武官员行使最高权力的凭证。清朝衙门之门，多虎头形门首，上面写着『禁止闲人闯入』云云。

清 银虎钮「正黄旗护军统领」印

清 银虎钮「三旗领侍卫内大臣」印

清 藤牌

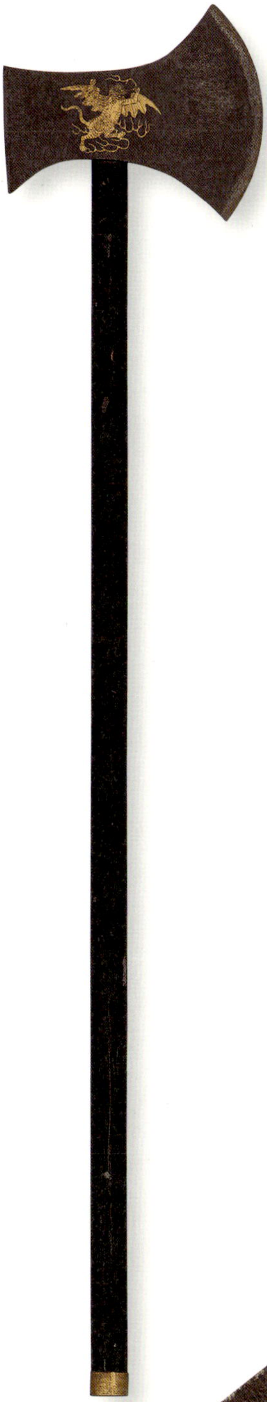

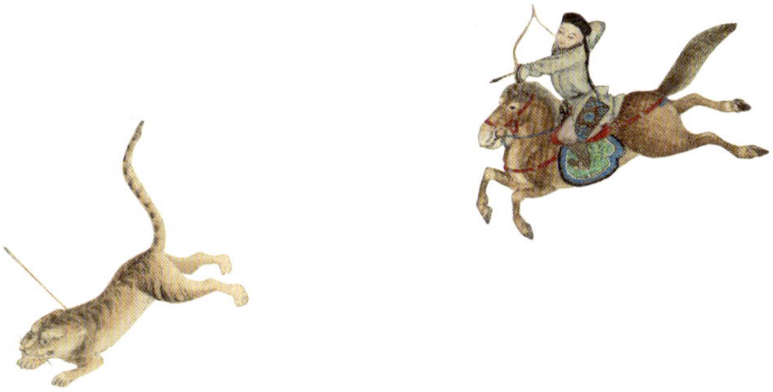

清　木柄飞虎斧及其局部

清 铁镞射虎骲头箭（四件）

在古代战争中，除虎符外，军中也多用『虎』形容军队的威严、将领的勇猛和士兵的勇敢。翻开古代典籍，虎将、虎臣、虎贲、虎师、虎威等词语频频跃入眼帘。《史记·周本纪》记述武王伐纣时，所率军队有『戎车三百乘，虎贲三千人，甲士四万五千人』。这里的『虎贲』，指勇士若虎贲兽，言其勇猛。及至汉代，兵中尚有虎贲名号，有功的将领还被封为『虎贲中郎将』。

清　木红漆画虎皮纹两节棍

《三国演义》中的『虎将』

国人熟知的《三国演义》，对虎极为赞赏，所有英勇善战的将领都称作『虎将』，刘备帐下的关羽、张飞、赵云、马超、黄忠被称为『五虎上将』。关羽是虎将，他更是把自己的女儿当做『虎女』。孙权愿意儿子与关羽的女儿结为夫妻，两国亦结为秦晋之好，共同抗击强大的曹操，关羽小看孙权道：『我虎女岂能嫁犬子！』孙权是三国风云时代的豪杰，岂能是犬？宋代辛弃疾曾称赞孙权道：『年少万兜鍪，坐断东南战未休。天下英雄谁敌手？曹刘！生子当如孙仲谋。』

虎的义德

作为自然界生物链顶端的虎，斑斓华美、龙骧虎步、雄奇威武。它给人更多的是威严、正义的感觉，故而被古人附加了许多美丽故事。古代中国，功臣被皇帝封王的屈指可数，而在动物界唯有老虎或曾被帝王封『王』。传说秦始皇统一中国后，某次出巡中，遭到群

清　阿尔稗　威虎图轴

清 阿尔稗
猛虎捕豨图

狼的围困，危急中一只老虎跃出丛林，哮吼如雷，吓退了群狼。因为老虎救驾有功，被秦始皇封为『山兽之王』，至今陕西民间还流传着这样的歌谣：『猛虎雄伟借山林，哮吼如雷惊鬼神。始皇敕封山兽王，持守广镇聚宝盆。』

封虎为王的还有一位皇帝，那就是东汉的光武帝刘秀。西汉末年，汉室衰微，王莽趁机篡位，并下令追杀竞争对手汉宗室刘秀。刘秀当时势力单薄，被王莽军击败，单枪匹马向太行山深处逃去。

清　阿尔稗

猛虎捕豨图（局部）

明　朱端　弘农渡虎图轴

传说刘昆任弘农太守时，因政绩斐然，深得民众爱戴，猛虎都不忍再在此地为非作歹，驮幼虎渡河而去。画面中正在泅渡的老虎半隐在水里，渐渐远去。身着红衣的刘昆骑在马上观看这一情景，周围的随从和百姓讶异而兴奋，指点着禀报。四周枯木荒滩，一片野兽出没的僻野景象。画家运用水墨写意法，以侧锋卧笔和粗简的线条勾勒出山石轮廓，并用淋漓的水墨和奔放的运笔皴染出山石的纹理。树叶以纷乱的浓墨点染而成，笔势恣肆纵横，富有动感。

逃进一道山谷里，跑不多远，一座名叫桂岭的山横在眼前。山很陡峭，两侧悬崖绝壁，山里人都很难攀登，更何况骑马的刘秀。眼看着后边的追兵就要到了，前边随着风声响动，一只老虎从山上跃下，刘秀两眼一闭说：『我命休矣！』忽然猛虎一声巨吼，声震林表，追兵吓得退出山谷。刘秀睁眼一看，猛虎就在自己身旁，并无伤害之意，于是向虎言道：『你不吃我，是想救我吗？』猛虎点点头。刘秀牵马随着老虎来到一个村边，

《护生画集》中郭文去虎鲠的故事

晋郭文，晦迹潜修。遇虎张口至前，文手探虎喉中，得骨，去之。自是虎常驯扰左右。文出山，虎必随焉。以书策置其背上，虎负而行。

这里已经十分安全。刘秀感谢虎的救命之恩，不知如何表达才好。他看到老虎额上的三道横纹，于是在三道横纹上画了一竖，朗声吟道：『老虎头上三横梁，刘秀加竖在中央。今年救我汉刘秀，来年封你兽中王。』

后来刘秀做了皇帝，果然不食前言，对老虎的『兽中王』重新加封。老虎帮助刘秀打败篡逆，恢复了汉室，正义终于战胜了邪恶，于是虎在传说中成了正义的化身，具有超自然的神力。

《池北偶谈》中樵夫与义虎的故事

汾州孝义县狐岐山多虎。明嘉靖中，一樵人朝行，失足堕虎穴，见两虎子卧穴内，深数丈，不得出，彷徨待死。日将晡，虎来，御一生麋，饲其子既，复以狻予樵，樵惧甚，自度必不免。迨昧爽，虎跃去，暮归饲子，复以狻与樵。如是月余，渐与虎狎。一日，虎负子出，樵夫号曰：『大王救我！』须臾，虎复入，俯首就樵，樵遂骑而腾上，置丛箐中。樵复跪告曰：『蒙大王活我，今相失，惧不免他患，幸导我通衢，死不忘报。』虎又引之前至大道旁。樵泣拜曰：『蒙大王厚恩无以报，归当畜一豚悬西郊外邮亭下，以候大王，某日日中当至，无忘也。』虎颔之。至日，虎先期至，不见樵，遂入廓，居民噪逐，生致之，告县。樵闻之，奔诣县厅，抱虎痛哭曰：『大王以赴约来耶？』虎点头。樵曰：『我为大王请命，不得，愿以死从大王。』语罢，虎泪下如雨。观者数千人，莫不叹息。知县，莱阳人某也，急趣释之，驱至亭下，投以豚，大嚼，顾樵再三而去。因名其亭曰『义虎亭』。

在民间传说中，虎是节义的化身。早在晋代就有郭文去虎鲠的故事，后来衍变为老婆婆山中遇虎，虎抬足以示，虎足扎进芒刺，老婆婆便将芒刺拔掉，『虎感奋而去』。及后，虎不时衔麋鹿、野兔之类到老婆婆门口作为回报。明清之时，许多名人如祝枝山、王士禛、蒲松龄等都记载过义虎的故事。其中，王士禛的《池北偶谈》中就记载了一个樵夫与义虎的故事。

樵夫与义虎的故事感人至深，现在或许不会有人信。但是在古代典籍里不同程度都记载了，且有真实时间、地点和人物，不应该是古人凭空捏造的。老虎处于大自然生物链的顶端，有智慧、通人性，在食物充足之时不伤人。母虎以食物育子之时，将余食给落入虎

明 赵汝殷
风林群虎图卷（局部）
台北故宫博物院藏

穴的人吃，不是没有可能的。况且，在几千年的历史中，人兽之间存在着对立，但相互间的融合与沟通也应是存在的。

在世风日下、人心不古的社会，人与人之间尔虞我诈，父子间反目、兄弟间结仇的现象屡见不鲜，人与人的信任度还不如动物。清人宣鼎的《夜

清　任预　十二生肖图册之虎

雨秋灯录》中的『谷于菟』故事，对我们还有些许教益。这个故事说的是一个十二岁的女孩深山砍柴，不慎掉进虎穴。穴内有两只幼虎与女孩玩耍。天黑了，母虎外出归来，不仅没有伤害女孩，反而用野果、奶水哺养。后来幼虎长大了，母虎将女孩送回。结果，父母以为女儿『为虎作伥』，把女儿关起来几乎冻饿致死，母虎知道后再一次救了女孩，才得以保住性命。对此，作者意味深长地感叹道：『女子不死于虎，几死于骨肉，可谓奇矣！』其实，在血迹斑斑的历史中，多少无辜的人没有死于兽，而是死于同类，不亦悲乎。

清 高其佩 丛林虎啸图轴

虎患与打虎

明 寿峰 虎图轴

虎是原始图腾崇拜的动物，也是人类斗争的重要对象，皆因人类进入农耕时代，人口大量增加，与此同时，虎族也在繁衍，老虎增多，虎患突出，人与虎为了争夺相对短缺的资源，矛盾日趋突出。原始形态的虎图腾崇拜逐渐淡薄，打虎英雄开始出现，并被人们普遍赞美。在西汉之前，秦国已经感受到老虎与人争夺食物的严重性，而且虎已对人的生命安全形成巨大威胁。《华阳国志·巴志》云：『秦昭王时，白虎为害，自秦、巴、汉患之。秦王乃募国中有能杀虎者，邑万家，金帛称之。』于是，从秦至汉，一些少数民族因氏族的解体和受中原汉族杀虎影响，出现了『专以射白虎为事』的人。

清人绘　松石老虎图轴

明人绘　驱虎图卷

宋代，许多地方虎患未除，一到晚上老虎出没，家家紧闭门户不敢外出。这时，出现了至今家喻户晓的打虎英雄武松，景阳冈因武松打虎事而名扬天下。

武松打虎之事人尽皆知，但皇帝打虎人们未必知道。其实，皇帝打虎代不乏人，

清 刘棣 丽堂射虎图卷

尤其清朝的两位皇帝康熙、乾隆为此中高手。北方民族以弓矢起家，表现出一种强悍的民族性格。东北契丹人如此，女真人亦如此，史称『三人渤海当一虎』，『女真不满万，满万不可敌』。女真后裔满族，依然保持骑马射箭、英勇尚武的特点。清朝皇帝

武松打虎的故事

景阳冈的猛虎常常食人，为害地方，这一天遇到了自己的克星武松。武松借着酒劲提着哨棒，跌跌撞撞上了景阳冈，『只见一阵狂风来』，『只听得乱树背后扑地一声响，跳出一只吊睛白额的大虫来』。武松虽有酒意，但还是有备而来，躲过了猛虎的一扑、一剪、尾巴横扫三个绝招后，与虎打了起来。哨棒打折了，武松也不含糊，一把揪住虎顶皮，用拳头活活把老虎给打死了，为当地除了一害。

明　洒线绣武松打虎经皮面

经面上部为一条升龙，作戏珠式。中部绣一硕大的宝葫芦，葫芦轮廓内绣山石、松树，武松头戴纱帽，左脚踩虎，左手按虎，右手高持棍棒，双目圆睁。下部为缓缓流过的小溪。作品构图巧妙，主题突出，层次分明，纹样豪放，设色明丽，绣工精细，是明代京绣中的佳品。

为了保持民族战斗力，教育皇子、皇孙不忘兴国之本，每年定期开展春、秋两次围猎活动。康熙八岁做了皇帝，自幼练得一身好功夫，打虎数目很大，用他在《钦定大清会典事例》中的话，『朕自幼至今，凡用鸟枪弓矢获虎一百三十五只』。

清人绘　玄烨戎装像轴

清人绘　弘历刺虎图轴

《扈从东巡日录》中记载的康熙皇帝围猎

行围之法，以镶黄旗大纛居中为首，圣驾在大纛之前，按辔徐行。两翼门纛相遇，则立而不动，以俟后队渐次逼近，谓之合围。缇骑环山，旌旄焰野，狐兔麇鹿散走围中，或皇上亲射，或皇太子射之，亲王、大臣、近臣非得旨，不敢在围中发一矢。兽有出围者，方许扈从诸人捕之。亭午，就山阳张黄幄尚食。一日凡两合围，约行八九十里。遇虎，则皇上亲率侍卫二十余人据高射之，无不殪者。若虎负隅，则遣犬撄之。犬不畏虎，随吠其后，或啮其尾。虎伏草间，犬必围绕跳嗥，人即知虎所在也。虎怒，逐犬出平陆，人乃得施弓矢。更有侍卫数人，持枪步行，俟虎被逐中箭，必怒扑人，随势击刺之，亦无不殪者。昔人谓虎豹在山，其势莫敌，今乃搏之甚易。月余以来，杀虎数十，前代所未有也。驻跸哈达河。……上谕：『以时方春深，禽兽孕育，围中禁射牝鹿。』仰见皇上仁民爱物，何处不廑圣衷哉！

康熙接班时还很幼小，在国事艰难中他接受了磨炼。就习武一事，他就学于一位叫默尔根的师傅。默尔根对他要求很严格，最终使康熙成为开创一代盛世、文治武功俱全的皇帝。直到晚年，康熙还不忘他的武术老师：『朕于骑射哨鹿行猎之事，皆自幼学习，稍有未合式处，默尔根侍卫即直奏无隐。朕于诸事谙练者，皆默尔根之功，迄今犹念其诚实忠直，未尝忘也。』随从康熙东巡的高士奇撰有《扈从东巡日录》，

清人绘 弘历刺虎图轴（局部）

清 阿虎枪

曾记载康熙出山海关外日射三虎、皇子九岁射虎的一天：『是日，行围桦皮山，皇上亲射三虎。皇太子年甫九龄，引弓跃马，驰骤山谷间，矢无虚发，见一虎，射之立毙，万人仰瞻，莫不震颂。自此，每合围时，射虎甚多，不能尽记。』

需要说明的是，当时康熙射虎很多，与垄断围猎法是分不开的。在康熙的一生中，其射猎之神武是有迹可查的，除了用鸟枪弓矢获虎一百三十五只以外，还曾获熊二十只、豹

清 徐扬 弘历虎神枪记图轴

二十五只、猞猁十只、麋鹿十四只、狼九十六只、野猪一百三十二只。亲自捕获数目如此巨大的野兽，足见康熙武功是何等了得。

康熙是满族，是女真人的后裔，崇虎观念深深植根于这个民族的血液中。为什么崇虎的同时又疯狂捕杀虎，这不是一个解不开的结么？其实，虎虽然是『百兽之王』，作为灵长的人类，在远古时曾经与虎及其他动物共生共息。虎以其威猛与雄强，使人产生了惧虎与崇虎心理，

清人绘 戏剧图册之「飞虎山」

这样便有了虎图腾的崇拜和敬虎的宗教仪式。德国哲学家费尔巴哈说：『动物是人类生命存在必不可少的，对于人来说就是神。』在人类的狩猎时期，人靠动物维持生命和种族的延续，所以人在获取肉类、皮毛的同时，对动物的感激崇敬之情也溢于言表。古代中国乃至世界各地，虎一方面被图腾化、神化，赋予其吉祥、勇敢的文化内涵，另一方面由于虎害及虎的药用价值，遭到大量的捕杀。进入近代，对虎骨、虎皮等需求量

清 慈禧 御笔虎字

增加，老虎已经濒临灭绝。

虎带给人们的话题很多，譬如虎的寓言、虎的成语故事，还有大量有关虎的民间传说，这些足以写一本大书。最后，想为虎说几句好话：虎是人类的朋友，曾经与人共生共息，人在长期的猎杀中已对不起朋友了，虎族已濒临灭绝。可喜的是，一些有识之士很早就建议政府保护老虎，否则用不了多长时间，我国境内将不复有野生虎的存在。一九八八年，中国政府颁布了野生动物

保护法令，将老虎定为国家一级保护动物，明令禁止捕杀，否则会受到法律的严惩。如今所剩无几的虎有了『虎权』，人类终于还了亏欠的债——与自己互生共长的虎债。古代中国，虎是人的保护神，在科技进步的今日，人类义不容辞地成了虎的保护神。虎是地球一道亮丽的风景，人类应该随着文明一同成长，不断提升自己的文化悟性，创造一个更加美好的地球，还虎以一个自由、绚丽、斑斓与和谐的家园。

本书内容节自《紫禁城》二〇一〇年一月号樵夫《虎年说虎》。

故宫出版